MW00996793

This Book Belongs To :

_____

_____

_____

_____

Notes :

Week Starting: _June 28th — July 4th_

		MONDAY	TUESDAY	WEDNESDAY	THURSDAY
7am	:00 :15 :30 :45				
8am	:00 :15 :30 :45				
9am	:00 :15 :30 :45				
10am	:00 :15 :30 :45				
11am	:00 :15 :30 :45				
12pm	:00 :15 :30 :45				
1pm	:00 :15 :30 :45				
2pm	:00 :15 :30 :45				
3pm	:00 :15 :30 :45				
4pm	:00 :15 :30 :45				
5pm	:00 :15 :30 :45				
6pm	:00 :15 :30 :45				
7pm	:00 :15 :30 :45				
8pm	:00 :15 :30 :45				
9pm	:00 :15 :30 :45				
10pm	:00 :15 :30 :45				

Week Starting: _____

		FRIDAY	SATURDAY	SUNDAY	NOTES
7am	:00 :15 :30 :45				
8am	:00 :15 :30 :45				
9am	:00 :15 :30 :45				
10am	:00 :15 :30 :45				
11am	:00 :15 :30 :45				
12pm	:00 :15 :30 :45				
1pm	:00 :15 :30 :45				
2pm	:00 :15 :30 :45				
3pm	:00 :15 :30 :45				
4pm	:00 :15 :30 :45				
5pm	:00 :15 :30 :45				
6pm	:00 :15 :30 :45				
7pm	:00 :15 :30 :45				
8pm	:00 :15 :30 :45				
9pm	:00 :15 :30 :45				
10pm	:00 :15 :30 :45				

Week Starting: _____

		MONDAY	TUESDAY	WEDNESDAY	THURSDAY
7am	:00 :15 :30 :45				
8am	:00 :15 :30 :45				
9am	:00 :15 :30 :45				
10am	:00 :15 :30 :45				
11am	:00 :15 :30 :45				
12pm	:00 :15 :30 :45				
1pm	:00 :15 :30 :45				
2pm	:00 :15 :30 :45				
3pm	:00 :15 :30 :45				
4pm	:00 :15 :30 :45				
5pm	:00 :15 :30 :45				
6pm	:00 :15 :30 :45				
7pm	:00 :15 :30 :45				
8pm	:00 :15 :30 :45				
9pm	:00 :15 :30 :45				
10pm	:00 :15 :30 :45				

Week Starting: _____

		FRIDAY	SATURDAY	SUNDAY	NOTES
7am	:00 :15 :30 :45				
8am	:00 :15 :30 :45				
9am	:00 :15 :30 :45				
10am	:00 :15 :30 :45				
11am	:00 :15 :30 :45				
12pm	:00 :15 :30 :45				
1pm	:00 :15 :30 :45				
2pm	:00 :15 :30 :45				
3pm	:00 :15 :30 :45				
4pm	:00 :15 :30 :45				
5pm	:00 :15 :30 :45				
6pm	:00 :15 :30 :45				
7pm	:00 :15 :30 :45				
8pm	:00 :15 :30 :45				
9pm	:00 :15 :30 :45				
10pm	:00 :15 :30 :45				

Week Starting: _____

		MONDAY	TUESDAY	WEDNESDAY	THURSDAY
7am	:00 :15 :30 :45				
8am	:00 :15 :30 :45				
9am	:00 :15 :30 :45				
10am	:00 :15 :30 :45				
11am	:00 :15 :30 :45				
12pm	:00 :15 :30 :45				
1pm	:00 :15 :30 :45				
2pm	:00 :15 :30 :45				
3pm	:00 :15 :30 :45				
4pm	:00 :15 :30 :45				
5pm	:00 :15 :30 :45				
6pm	:00 :15 :30 :45				
7pm	:00 :15 :30 :45				
8pm	:00 :15 :30 :45				
9pm	:00 :15 :30 :45				
10pm	:00 :15 :30 :45				

Week Starting: _____

		FRIDAY	SATURDAY	SUNDAY	NOTES
7am	:00 :15 :30 :45				
8am	:00 :15 :30 :45				
9am	:00 :15 :30 :45				
10am	:00 :15 :30 :45				
11am	:00 :15 :30 :45				
12pm	:00 :15 :30 :45				
1pm	:00 :15 :30 :45				
2pm	:00 :15 :30 :45				
3pm	:00 :15 :30 :45				
4pm	:00 :15 :30 :45				
5pm	:00 :15 :30 :45				
6pm	:00 :15 :30 :45				
7pm	:00 :15 :30 :45				
8pm	:00 :15 :30 :45				
9pm	:00 :15 :30 :45				
10pm	:00 :15 :30 :45				

Week Starting: _____

		MONDAY	TUESDAY	WEDNESDAY	THURSDAY
7am	:00 :15 :30 :45				
8am	:00 :15 :30 :45				
9am	:00 :15 :30 :45				
10am	:00 :15 :30 :45				
11am	:00 :15 :30 :45				
12pm	:00 :15 :30 :45				
1pm	:00 :15 :30 :45				
2pm	:00 :15 :30 :45				
3pm	:00 :15 :30 :45				
4pm	:00 :15 :30 :45				
5pm	:00 :15 :30 :45				
6pm	:00 :15 :30 :45				
7pm	:00 :15 :30 :45				
8pm	:00 :15 :30 :45				
9pm	:00 :15 :30 :45				
10pm	:00 :15 :30 :45				

Week Starting: _____

		FRIDAY	SATURDAY	SUNDAY	NOTES
7am	:00 :15 :30 :45				
8am	:00 :15 :30 :45				
9am	:00 :15 :30 :45				
10am	:00 :15 :30 :45				
11am	:00 :15 :30 :45				
12pm	:00 :15 :30 :45				
1pm	:00 :15 :30 :45				
2pm	:00 :15 :30 :45				
3pm	:00 :15 :30 :45				
4pm	:00 :15 :30 :45				
5pm	:00 :15 :30 :45				
6pm	:00 :15 :30 :45				
7pm	:00 :15 :30 :45				
8pm	:00 :15 :30 :45				
9pm	:00 :15 :30 :45				
10pm	:00 :15 :30 :45				

Week Starting: _____

		MONDAY	TUESDAY	WEDNESDAY	THURSDAY
7am	:00 / :15 / :30 / :45				
8am	:00 / :15 / :30 / :45				
9am	:00 / :15 / :30 / :45				
10am	:00 / :15 / :30 / :45				
11am	:00 / :15 / :30 / :45				
12pm	:00 / :15 / :30 / :45				
1pm	:00 / :15 / :30 / :45				
2pm	:00 / :15 / :30 / :45				
3pm	:00 / :15 / :30 / :45				
4pm	:00 / :15 / :30 / :45				
5pm	:00 / :15 / :30 / :45				
6pm	:00 / :15 / :30 / :45				
7pm	:00 / :15 / :30 / :45				
8pm	:00 / :15 / :30 / :45				
9pm	:00 / :15 / :30 / :45				
10pm	:00 / :15 / :30 / :45				

Week Starting: _____

		FRIDAY	SATURDAY	SUNDAY	NOTES
7am	:00 :15 :30 :45				
8am	:00 :15 :30 :45				
9am	:00 :15 :30 :45				
10am	:00 :15 :30 :45				
11am	:00 :15 :30 :45				
12pm	:00 :15 :30 :45				
1pm	:00 :15 :30 :45				
2pm	:00 :15 :30 :45				
3pm	:00 :15 :30 :45				
4pm	:00 :15 :30 :45				
5pm	:00 :15 :30 :45				
6pm	:00 :15 :30 :45				
7pm	:00 :15 :30 :45				
8pm	:00 :15 :30 :45				
9pm	:00 :15 :30 :45				
10pm	:00 :15 :30 :45				

Week Starting: _____

		MONDAY	TUESDAY	WEDNESDAY	THURSDAY
7am	:00 :15 :30 :45				
8am	:00 :15 :30 :45				
9am	:00 :15 :30 :45				
10am	:00 :15 :30 :45				
11am	:00 :15 :30 :45				
12pm	:00 :15 :30 :45				
1pm	:00 :15 :30 :45				
2pm	:00 :15 :30 :45				
3pm	:00 :15 :30 :45				
4pm	:00 :15 :30 :45				
5pm	:00 :15 :30 :45				
6pm	:00 :15 :30 :45				
7pm	:00 :15 :30 :45				
8pm	:00 :15 :30 :45				
9pm	:00 :15 :30 :45				
10pm	:00 :15 :30 :45				

Week Starting: _____

		FRIDAY	SATURDAY	SUNDAY	NOTES
7am	:00 :15 :30 :45				
8am	:00 :15 :30 :45				
9am	:00 :15 :30 :45				
10am	:00 :15 :30 :45				
11am	:00 :15 :30 :45				
12pm	:00 :15 :30 :45				
1pm	:00 :15 :30 :45				
2pm	:00 :15 :30 :45				
3pm	:00 :15 :30 :45				
4pm	:00 :15 :30 :45				
5pm	:00 :15 :30 :45				
6pm	:00 :15 :30 :45				
7pm	:00 :15 :30 :45				
8pm	:00 :15 :30 :45				
9pm	:00 :15 :30 :45				
10pm	:00 :15 :30 :45				

Week Starting: _____

		MONDAY	TUESDAY	WEDNESDAY	THURSDAY
7am	:00 :15 :30 :45				
8am	:00 :15 :30 :45				
9am	:00 :15 :30 :45				
10am	:00 :15 :30 :45				
11am	:00 :15 :30 :45				
12pm	:00 :15 :30 :45				
1pm	:00 :15 :30 :45				
2pm	:00 :15 :30 :45				
3pm	:00 :15 :30 :45				
4pm	:00 :15 :30 :45				
5pm	:00 :15 :30 :45				
6pm	:00 :15 :30 :45				
7pm	:00 :15 :30 :45				
8pm	:00 :15 :30 :45				
9pm	:00 :15 :30 :45				
10pm	:00 :15 :30 :45				

Week Starting: _____

		FRIDAY	SATURDAY	SUNDAY	NOTES
7am	:00 :15 :30 :45				
8am	:00 :15 :30 :45				
9am	:00 :15 :30 :45				
10am	:00 :15 :30 :45				
11am	:00 :15 :30 :45				
12pm	:00 :15 :30 :45				
1pm	:00 :15 :30 :45				
2pm	:00 :15 :30 :45				
3pm	:00 :15 :30 :45				
4pm	:00 :15 :30 :45				
5pm	:00 :15 :30 :45				
6pm	:00 :15 :30 :45				
7pm	:00 :15 :30 :45				
8pm	:00 :15 :30 :45				
9pm	:00 :15 :30 :45				
10pm	:00 :15 :30 :45				

Week Starting: _____

		MONDAY	TUESDAY	WEDNESDAY	THURSDAY
7am	:00 :15 :30 :45				
8am	:00 :15 :30 :45				
9am	:00 :15 :30 :45				
10am	:00 :15 :30 :45				
11am	:00 :15 :30 :45				
12pm	:00 :15 :30 :45				
1pm	:00 :15 :30 :45				
2pm	:00 :15 :30 :45				
3pm	:00 :15 :30 :45				
4pm	:00 :15 :30 :45				
5pm	:00 :15 :30 :45				
6pm	:00 :15 :30 :45				
7pm	:00 :15 :30 :45				
8pm	:00 :15 :30 :45				
9pm	:00 :15 :30 :45				
10pm	:00 :15 :30 :45				

Week Starting: _____

		FRIDAY	SATURDAY	SUNDAY	NOTES
7am	:00 :15 :30 :45				
8am	:00 :15 :30 :45				
9am	:00 :15 :30 :45				
10am	:00 :15 :30 :45				
11am	:00 :15 :30 :45				
12pm	:00 :15 :30 :45				
1pm	:00 :15 :30 :45				
2pm	:00 :15 :30 :45				
3pm	:00 :15 :30 :45				
4pm	:00 :15 :30 :45				
5pm	:00 :15 :30 :45				
6pm	:00 :15 :30 :45				
7pm	:00 :15 :30 :45				
8pm	:00 :15 :30 :45				
9pm	:00 :15 :30 :45				
10pm	:00 :15 :30 :45				

Week Starting: _____

		MONDAY	TUESDAY	WEDNESDAY	THURSDAY
7am	:00 :15 :30 :45				
8am	:00 :15 :30 :45				
9am	:00 :15 :30 :45				
10am	:00 :15 :30 :45				
11am	:00 :15 :30 :45				
12pm	:00 :15 :30 :45				
1pm	:00 :15 :30 :45				
2pm	:00 :15 :30 :45				
3pm	:00 :15 :30 :45				
4pm	:00 :15 :30 :45				
5pm	:00 :15 :30 :45				
6pm	:00 :15 :30 :45				
7pm	:00 :15 :30 :45				
8pm	:00 :15 :30 :45				
9pm	:00 :15 :30 :45				
10pm	:00 :15 :30 :45				

Week Starting: _____

		FRIDAY	SATURDAY	SUNDAY	NOTES
7am	:00 :15 :30 :45				
8am	:00 :15 :30 :45				
9am	:00 :15 :30 :45				
10am	:00 :15 :30 :45				
11am	:00 :15 :30 :45				
12pm	:00 :15 :30 :45				
1pm	:00 :15 :30 :45				
2pm	:00 :15 :30 :45				
3pm	:00 :15 :30 :45				
4pm	:00 :15 :30 :45				
5pm	:00 :15 :30 :45				
6pm	:00 :15 :30 :45				
7pm	:00 :15 :30 :45				
8pm	:00 :15 :30 :45				
9pm	:00 :15 :30 :45				
10pm	:00 :15 :30 :45				

Week Starting: _____

		MONDAY	TUESDAY	WEDNESDAY	THURSDAY
7am	:00 :15 :30 :45				
8am	:00 :15 :30 :45				
9am	:00 :15 :30 :45				
10am	:00 :15 :30 :45				
11am	:00 :15 :30 :45				
12pm	:00 :15 :30 :45				
1pm	:00 :15 :30 :45				
2pm	:00 :15 :30 :45				
3pm	:00 :15 :30 :45				
4pm	:00 :15 :30 :45				
5pm	:00 :15 :30 :45				
6pm	:00 :15 :30 :45				
7pm	:00 :15 :30 :45				
8pm	:00 :15 :30 :45				
9pm	:00 :15 :30 :45				
10pm	:00 :15 :30 :45				

Week Starting: _____

		FRIDAY	SATURDAY	SUNDAY	NOTES
7am	:00 :15 :30 :45				
8am	:00 :15 :30 :45				
9am	:00 :15 :30 :45				
10am	:00 :15 :30 :45				
11am	:00 :15 :30 :45				
12pm	:00 :15 :30 :45				
1pm	:00 :15 :30 :45				
2pm	:00 :15 :30 :45				
3pm	:00 :15 :30 :45				
4pm	:00 :15 :30 :45				
5pm	:00 :15 :30 :45				
6pm	:00 :15 :30 :45				
7pm	:00 :15 :30 :45				
8pm	:00 :15 :30 :45				
9pm	:00 :15 :30 :45				
10pm	:00 :15 :30 :45				

Week Starting: _____

		MONDAY	TUESDAY	WEDNESDAY	THURSDAY
7am	:00 :15 :30 :45				
8am	:00 :15 :30 :45				
9am	:00 :15 :30 :45				
10am	:00 :15 :30 :45				
11am	:00 :15 :30 :45				
12pm	:00 :15 :30 :45				
1pm	:00 :15 :30 :45				
2pm	:00 :15 :30 :45				
3pm	:00 :15 :30 :45				
4pm	:00 :15 :30 :45				
5pm	:00 :15 :30 :45				
6pm	:00 :15 :30 :45				
7pm	:00 :15 :30 :45				
8pm	:00 :15 :30 :45				
9pm	:00 :15 :30 :45				
10pm	:00 :15 :30 :45				

Week Starting: _____

		FRIDAY	SATURDAY	SUNDAY	NOTES
7am	:00 :15 :30 :45				
8am	:00 :15 :30 :45				
9am	:00 :15 :30 :45				
10am	:00 :15 :30 :45				
11am	:00 :15 :30 :45				
12pm	:00 :15 :30 :45				
1pm	:00 :15 :30 :45				
2pm	:00 :15 :30 :45				
3pm	:00 :15 :30 :45				
4pm	:00 :15 :30 :45				
5pm	:00 :15 :30 :45				
6pm	:00 :15 :30 :45				
7pm	:00 :15 :30 :45				
8pm	:00 :15 :30 :45				
9pm	:00 :15 :30 :45				
10pm	:00 :15 :30 :45				

Week Starting: _____

		MONDAY	TUESDAY	WEDNESDAY	THURSDAY
7am	:00 :15 :30 :45				
8am	:00 :15 :30 :45				
9am	:00 :15 :30 :45				
10am	:00 :15 :30 :45				
11am	:00 :15 :30 :45				
12pm	:00 :15 :30 :45				
1pm	:00 :15 :30 :45				
2pm	:00 :15 :30 :45				
3pm	:00 :15 :30 :45				
4pm	:00 :15 :30 :45				
5pm	:00 :15 :30 :45				
6pm	:00 :15 :30 :45				
7pm	:00 :15 :30 :45				
8pm	:00 :15 :30 :45				
9pm	:00 :15 :30 :45				
10pm	:00 :15 :30 :45				

Week Starting: _____

		FRIDAY	SATURDAY	SUNDAY	NOTES
7am	:00				
	:15				
	:30				
	:45				
8am	:00				
	:15				
	:30				
	:45				
9am	:00				
	:15				
	:30				
	:45				
10am	:00				
	:15				
	:30				
	:45				
11am	:00				
	:15				
	:30				
	:45				
12pm	:00				
	:15				
	:30				
	:45				
1pm	:00				
	:15				
	:30				
	:45				
2pm	:00				
	:15				
	:30				
	:45				
3pm	:00				
	:15				
	:30				
	:45				
4pm	:00				
	:15				
	:30				
	:45				
5pm	:00				
	:15				
	:30				
	:45				
6pm	:00				
	:15				
	:30				
	:45				
7pm	:00				
	:15				
	:30				
	:45				
8pm	:00				
	:15				
	:30				
	:45				
9pm	:00				
	:15				
	:30				
	:45				
10pm	:00				
	:15				
	:30				
	:45				

Week Starting: _____

		MONDAY	TUESDAY	WEDNESDAY	THURSDAY
7am	:00 :15 :30 :45				
8am	:00 :15 :30 :45				
9am	:00 :15 :30 :45				
10am	:00 :15 :30 :45				
11am	:00 :15 :30 :45				
12pm	:00 :15 :30 :45				
1pm	:00 :15 :30 :45				
2pm	:00 :15 :30 :45				
3pm	:00 :15 :30 :45				
4pm	:00 :15 :30 :45				
5pm	:00 :15 :30 :45				
6pm	:00 :15 :30 :45				
7pm	:00 :15 :30 :45				
8pm	:00 :15 :30 :45				
9pm	:00 :15 :30 :45				
10pm	:00 :15 :30 :45				

Week Starting: _____

		FRIDAY	SATURDAY	SUNDAY	NOTES
7am	:00 :15 :30 :45				
8am	:00 :15 :30 :45				
9am	:00 :15 :30 :45				
10am	:00 :15 :30 :45				
11am	:00 :15 :30 :45				
12pm	:00 :15 :30 :45				
1pm	:00 :15 :30 :45				
2pm	:00 :15 :30 :45				
3pm	:00 :15 :30 :45				
4pm	:00 :15 :30 :45				
5pm	:00 :15 :30 :45				
6pm	:00 :15 :30 :45				
7pm	:00 :15 :30 :45				
8pm	:00 :15 :30 :45				
9pm	:00 :15 :30 :45				
10pm	:00 :15 :30 :45				

Week Starting: _____

		MONDAY	TUESDAY	WEDNESDAY	THURSDAY
7am	:00 :15 :30 :45				
8am	:00 :15 :30 :45				
9am	:00 :15 :30 :45				
10am	:00 :15 :30 :45				
11am	:00 :15 :30 :45				
12pm	:00 :15 :30 :45				
1pm	:00 :15 :30 :45				
2pm	:00 :15 :30 :45				
3pm	:00 :15 :30 :45				
4pm	:00 :15 :30 :45				
5pm	:00 :15 :30 :45				
6pm	:00 :15 :30 :45				
7pm	:00 :15 :30 :45				
8pm	:00 :15 :30 :45				
9pm	:00 :15 :30 :45				
10pm	:00 :15 :30 :45				

Week Starting: _____

		FRIDAY	SATURDAY	SUNDAY	NOTES
7am	:00 :15 :30 :45				
8am	:00 :15 :30 :45				
9am	:00 :15 :30 :45				
10am	:00 :15 :30 :45				
11am	:00 :15 :30 :45				
12pm	:00 :15 :30 :45				
1pm	:00 :15 :30 :45				
2pm	:00 :15 :30 :45				
3pm	:00 :15 :30 :45				
4pm	:00 :15 :30 :45				
5pm	:00 :15 :30 :45				
6pm	:00 :15 :30 :45				
7pm	:00 :15 :30 :45				
8pm	:00 :15 :30 :45				
9pm	:00 :15 :30 :45				
10pm	:00 :15 :30 :45				

Week Starting: _____

		MONDAY	TUESDAY	WEDNESDAY	THURSDAY
7am	:00 :15 :30 :45				
8am	:00 :15 :30 :45				
9am	:00 :15 :30 :45				
10am	:00 :15 :30 :45				
11am	:00 :15 :30 :45				
12pm	:00 :15 :30 :45				
1pm	:00 :15 :30 :45				
2pm	:00 :15 :30 :45				
3pm	:00 :15 :30 :45				
4pm	:00 :15 :30 :45				
5pm	:00 :15 :30 :45				
6pm	:00 :15 :30 :45				
7pm	:00 :15 :30 :45				
8pm	:00 :15 :30 :45				
9pm	:00 :15 :30 :45				
10pm	:00 :15 :30 :45				

Week Starting: _____

		FRIDAY	SATURDAY	SUNDAY	NOTES
7am	:00 :15 :30 :45				
8am	:00 :15 :30 :45				
9am	:00 :15 :30 :45				
10am	:00 :15 :30 :45				
11am	:00 :15 :30 :45				
12pm	:00 :15 :30 :45				
1pm	:00 :15 :30 :45				
2pm	:00 :15 :30 :45				
3pm	:00 :15 :30 :45				
4pm	:00 :15 :30 :45				
5pm	:00 :15 :30 :45				
6pm	:00 :15 :30 :45				
7pm	:00 :15 :30 :45				
8pm	:00 :15 :30 :45				
9pm	:00 :15 :30 :45				
10pm	:00 :15 :30 :45				

Week Starting: _____

		MONDAY	TUESDAY	WEDNESDAY	THURSDAY
7am	:00 :15 :30 :45				
8am	:00 :15 :30 :45				
9am	:00 :15 :30 :45				
10am	:00 :15 :30 :45				
11am	:00 :15 :30 :45				
12pm	:00 :15 :30 :45				
1pm	:00 :15 :30 :45				
2pm	:00 :15 :30 :45				
3pm	:00 :15 :30 :45				
4pm	:00 :15 :30 :45				
5pm	:00 :15 :30 :45				
6pm	:00 :15 :30 :45				
7pm	:00 :15 :30 :45				
8pm	:00 :15 :30 :45				
9pm	:00 :15 :30 :45				
10pm	:00 :15 :30 :45				

Week Starting: _____

		FRIDAY	SATURDAY	SUNDAY	NOTES
7am	:00 :15 :30 :45				
8am	:00 :15 :30 :45				
9am	:00 :15 :30 :45				
10am	:00 :15 :30 :45				
11am	:00 :15 :30 :45				
12pm	:00 :15 :30 :45				
1pm	:00 :15 :30 :45				
2pm	:00 :15 :30 :45				
3pm	:00 :15 :30 :45				
4pm	:00 :15 :30 :45				
5pm	:00 :15 :30 :45				
6pm	:00 :15 :30 :45				
7pm	:00 :15 :30 :45				
8pm	:00 :15 :30 :45				
9pm	:00 :15 :30 :45				
10pm	:00 :15 :30 :45				

Week Starting: _____

		MONDAY	TUESDAY	WEDNESDAY	THURSDAY
7am	:00 :15 :30 :45				
8am	:00 :15 :30 :45				
9am	:00 :15 :30 :45				
10am	:00 :15 :30 :45				
11am	:00 :15 :30 :45				
12pm	:00 :15 :30 :45				
1pm	:00 :15 :30 :45				
2pm	:00 :15 :30 :45				
3pm	:00 :15 :30 :45				
4pm	:00 :15 :30 :45				
5pm	:00 :15 :30 :45				
6pm	:00 :15 :30 :45				
7pm	:00 :15 :30 :45				
8pm	:00 :15 :30 :45				
9pm	:00 :15 :30 :45				
10pm	:00 :15 :30 :45				

Week Starting: _____

		FRIDAY	SATURDAY	SUNDAY	NOTES
7am	:00 :15 :30 :45				
8am	:00 :15 :30 :45				
9am	:00 :15 :30 :45				
10am	:00 :15 :30 :45				
11am	:00 :15 :30 :45				
12pm	:00 :15 :30 :45				
1pm	:00 :15 :30 :45				
2pm	:00 :15 :30 :45				
3pm	:00 :15 :30 :45				
4pm	:00 :15 :30 :45				
5pm	:00 :15 :30 :45				
6pm	:00 :15 :30 :45				
7pm	:00 :15 :30 :45				
8pm	:00 :15 :30 :45				
9pm	:00 :15 :30 :45				
10pm	:00 :15 :30 :45				

Week Starting: _____

		MONDAY	TUESDAY	WEDNESDAY	THURSDAY
7am	:00 :15 :30 :45				
8am	:00 :15 :30 :45				
9am	:00 :15 :30 :45				
10am	:00 :15 :30 :45				
11am	:00 :15 :30 :45				
12pm	:00 :15 :30 :45				
1pm	:00 :15 :30 :45				
2pm	:00 :15 :30 :45				
3pm	:00 :15 :30 :45				
4pm	:00 :15 :30 :45				
5pm	:00 :15 :30 :45				
6pm	:00 :15 :30 :45				
7pm	:00 :15 :30 :45				
8pm	:00 :15 :30 :45				
9pm	:00 :15 :30 :45				
10pm	:00 :15 :30 :45				

Week Starting: _____

		FRIDAY	SATURDAY	SUNDAY	NOTES
7am	:00 :15 :30 :45				
8am	:00 :15 :30 :45				
9am	:00 :15 :30 :45				
10am	:00 :15 :30 :45				
11am	:00 :15 :30 :45				
12pm	:00 :15 :30 :45				
1pm	:00 :15 :30 :45				
2pm	:00 :15 :30 :45				
3pm	:00 :15 :30 :45				
4pm	:00 :15 :30 :45				
5pm	:00 :15 :30 :45				
6pm	:00 :15 :30 :45				
7pm	:00 :15 :30 :45				
8pm	:00 :15 :30 :45				
9pm	:00 :15 :30 :45				
10pm	:00 :15 :30 :45				

Week Starting: _____

		MONDAY	TUESDAY	WEDNESDAY	THURSDAY
7am	:00 :15 :30 :45				
8am	:00 :15 :30 :45				
9am	:00 :15 :30 :45				
10am	:00 :15 :30 :45				
11am	:00 :15 :30 :45				
12pm	:00 :15 :30 :45				
1pm	:00 :15 :30 :45				
2pm	:00 :15 :30 :45				
3pm	:00 :15 :30 :45				
4pm	:00 :15 :30 :45				
5pm	:00 :15 :30 :45				
6pm	:00 :15 :30 :45				
7pm	:00 :15 :30 :45				
8pm	:00 :15 :30 :45				
9pm	:00 :15 :30 :45				
10pm	:00 :15 :30 :45				

Week Starting: _____

		FRIDAY	SATURDAY	SUNDAY	NOTES
7am	:00 :15 :30 :45				
8am	:00 :15 :30 :45				
9am	:00 :15 :30 :45				
10am	:00 :15 :30 :45				
11am	:00 :15 :30 :45				
12pm	:00 :15 :30 :45				
1pm	:00 :15 :30 :45				
2pm	:00 :15 :30 :45				
3pm	:00 :15 :30 :45				
4pm	:00 :15 :30 :45				
5pm	:00 :15 :30 :45				
6pm	:00 :15 :30 :45				
7pm	:00 :15 :30 :45				
8pm	:00 :15 :30 :45				
9pm	:00 :15 :30 :45				
10pm	:00 :15 :30 :45				

Week Starting: _____

		MONDAY	TUESDAY	WEDNESDAY	THURSDAY
7am	:00 :15 :30 :45				
8am	:00 :15 :30 :45				
9am	:00 :15 :30 :45				
10am	:00 :15 :30 :45				
11am	:00 :15 :30 :45				
12pm	:00 :15 :30 :45				
1pm	:00 :15 :30 :45				
2pm	:00 :15 :30 :45				
3pm	:00 :15 :30 :45				
4pm	:00 :15 :30 :45				
5pm	:00 :15 :30 :45				
6pm	:00 :15 :30 :45				
7pm	:00 :15 :30 :45				
8pm	:00 :15 :30 :45				
9pm	:00 :15 :30 :45				
10pm	:00 :15 :30 :45				

Week Starting: _____

		FRIDAY	SATURDAY	SUNDAY	NOTES
7am	:00 :15 :30 :45				
8am	:00 :15 :30 :45				
9am	:00 :15 :30 :45				
10am	:00 :15 :30 :45				
11am	:00 :15 :30 :45				
12pm	:00 :15 :30 :45				
1pm	:00 :15 :30 :45				
2pm	:00 :15 :30 :45				
3pm	:00 :15 :30 :45				
4pm	:00 :15 :30 :45				
5pm	:00 :15 :30 :45				
6pm	:00 :15 :30 :45				
7pm	:00 :15 :30 :45				
8pm	:00 :15 :30 :45				
9pm	:00 :15 :30 :45				
10pm	:00 :15 :30 :45				

Week Starting: _____

		MONDAY	TUESDAY	WEDNESDAY	THURSDAY
7am	:00 :15 :30 :45				
8am	:00 :15 :30 :45				
9am	:00 :15 :30 :45				
10am	:00 :15 :30 :45				
11am	:00 :15 :30 :45				
12pm	:00 :15 :30 :45				
1pm	:00 :15 :30 :45				
2pm	:00 :15 :30 :45				
3pm	:00 :15 :30 :45				
4pm	:00 :15 :30 :45				
5pm	:00 :15 :30 :45				
6pm	:00 :15 :30 :45				
7pm	:00 :15 :30 :45				
8pm	:00 :15 :30 :45				
9pm	:00 :15 :30 :45				
10pm	:00 :15 :30 :45				

Week Starting: _____

		FRIDAY	SATURDAY	SUNDAY	NOTES
7am	:00 :15 :30 :45				
8am	:00 :15 :30 :45				
9am	:00 :15 :30 :45				
10am	:00 :15 :30 :45				
11am	:00 :15 :30 :45				
12pm	:00 :15 :30 :45				
1pm	:00 :15 :30 :45				
2pm	:00 :15 :30 :45				
3pm	:00 :15 :30 :45				
4pm	:00 :15 :30 :45				
5pm	:00 :15 :30 :45				
6pm	:00 :15 :30 :45				
7pm	:00 :15 :30 :45				
8pm	:00 :15 :30 :45				
9pm	:00 :15 :30 :45				
10pm	:00 :15 :30 :45				

Week Starting: _____

		MONDAY	TUESDAY	WEDNESDAY	THURSDAY
7am	:00 :15 :30 :45				
8am	:00 :15 :30 :45				
9am	:00 :15 :30 :45				
10am	:00 :15 :30 :45				
11am	:00 :15 :30 :45				
12pm	:00 :15 :30 :45				
1pm	:00 :15 :30 :45				
2pm	:00 :15 :30 :45				
3pm	:00 :15 :30 :45				
4pm	:00 :15 :30 :45				
5pm	:00 :15 :30 :45				
6pm	:00 :15 :30 :45				
7pm	:00 :15 :30 :45				
8pm	:00 :15 :30 :45				
9pm	:00 :15 :30 :45				
10pm	:00 :15 :30 :45				

Week Starting: _____

		FRIDAY	SATURDAY	SUNDAY	NOTES
7am	:00 :15 :30 :45				
8am	:00 :15 :30 :45				
9am	:00 :15 :30 :45				
10am	:00 :15 :30 :45				
11am	:00 :15 :30 :45				
12pm	:00 :15 :30 :45				
1pm	:00 :15 :30 :45				
2pm	:00 :15 :30 :45				
3pm	:00 :15 :30 :45				
4pm	:00 :15 :30 :45				
5pm	:00 :15 :30 :45				
6pm	:00 :15 :30 :45				
7pm	:00 :15 :30 :45				
8pm	:00 :15 :30 :45				
9pm	:00 :15 :30 :45				
10pm	:00 :15 :30 :45				

Week Starting: _____

		MONDAY	TUESDAY	WEDNESDAY	THURSDAY
7am	:00 :15 :30 :45				
8am	:00 :15 :30 :45				
9am	:00 :15 :30 :45				
10am	:00 :15 :30 :45				
11am	:00 :15 :30 :45				
12pm	:00 :15 :30 :45				
1pm	:00 :15 :30 :45				
2pm	:00 :15 :30 :45				
3pm	:00 :15 :30 :45				
4pm	:00 :15 :30 :45				
5pm	:00 :15 :30 :45				
6pm	:00 :15 :30 :45				
7pm	:00 :15 :30 :45				
8pm	:00 :15 :30 :45				
9pm	:00 :15 :30 :45				
10pm	:00 :15 :30 :45				

Week Starting: _____

		FRIDAY	SATURDAY	SUNDAY	NOTES
7am	:00 :15 :30 :45				
8am	:00 :15 :30 :45				
9am	:00 :15 :30 :45				
10am	:00 :15 :30 :45				
11am	:00 :15 :30 :45				
12pm	:00 :15 :30 :45				
1pm	:00 :15 :30 :45				
2pm	:00 :15 :30 :45				
3pm	:00 :15 :30 :45				
4pm	:00 :15 :30 :45				
5pm	:00 :15 :30 :45				
6pm	:00 :15 :30 :45				
7pm	:00 :15 :30 :45				
8pm	:00 :15 :30 :45				
9pm	:00 :15 :30 :45				
10pm	:00 :15 :30 :45				

Week Starting: _____

		MONDAY	TUESDAY	WEDNESDAY	THURSDAY
7am	:00 :15 :30 :45				
8am	:00 :15 :30 :45				
9am	:00 :15 :30 :45				
10am	:00 :15 :30 :45				
11am	:00 :15 :30 :45				
12pm	:00 :15 :30 :45				
1pm	:00 :15 :30 :45				
2pm	:00 :15 :30 :45				
3pm	:00 :15 :30 :45				
4pm	:00 :15 :30 :45				
5pm	:00 :15 :30 :45				
6pm	:00 :15 :30 :45				
7pm	:00 :15 :30 :45				
8pm	:00 :15 :30 :45				
9pm	:00 :15 :30 :45				
10pm	:00 :15 :30 :45				

Week Starting: _____

		FRIDAY	SATURDAY	SUNDAY	NOTES
7am	:00 :15 :30 :45				
8am	:00 :15 :30 :45				
9am	:00 :15 :30 :45				
10am	:00 :15 :30 :45				
11am	:00 :15 :30 :45				
12pm	:00 :15 :30 :45				
1pm	:00 :15 :30 :45				
2pm	:00 :15 :30 :45				
3pm	:00 :15 :30 :45				
4pm	:00 :15 :30 :45				
5pm	:00 :15 :30 :45				
6pm	:00 :15 :30 :45				
7pm	:00 :15 :30 :45				
8pm	:00 :15 :30 :45				
9pm	:00 :15 :30 :45				
10pm	:00 :15 :30 :45				

Week Starting: _____

		MONDAY	TUESDAY	WEDNESDAY	THURSDAY
7am	:00 :15 :30 :45				
8am	:00 :15 :30 :45				
9am	:00 :15 :30 :45				
10am	:00 :15 :30 :45				
11am	:00 :15 :30 :45				
12pm	:00 :15 :30 :45				
1pm	:00 :15 :30 :45				
2pm	:00 :15 :30 :45				
3pm	:00 :15 :30 :45				
4pm	:00 :15 :30 :45				
5pm	:00 :15 :30 :45				
6pm	:00 :15 :30 :45				
7pm	:00 :15 :30 :45				
8pm	:00 :15 :30 :45				
9pm	:00 :15 :30 :45				
10pm	:00 :15 :30 :45				

Week Starting: _____

		FRIDAY	SATURDAY	SUNDAY	NOTES
7am	:00 :15 :30 :45				
8am	:00 :15 :30 :45				
9am	:00 :15 :30 :45				
10am	:00 :15 :30 :45				
11am	:00 :15 :30 :45				
12pm	:00 :15 :30 :45				
1pm	:00 :15 :30 :45				
2pm	:00 :15 :30 :45				
3pm	:00 :15 :30 :45				
4pm	:00 :15 :30 :45				
5pm	:00 :15 :30 :45				
6pm	:00 :15 :30 :45				
7pm	:00 :15 :30 :45				
8pm	:00 :15 :30 :45				
9pm	:00 :15 :30 :45				
10pm	:00 :15 :30 :45				

Week Starting: _____

		MONDAY	TUESDAY	WEDNESDAY	THURSDAY
7am	:00 :15 :30 :45				
8am	:00 :15 :30 :45				
9am	:00 :15 :30 :45				
10am	:00 :15 :30 :45				
11am	:00 :15 :30 :45				
12pm	:00 :15 :30 :45				
1pm	:00 :15 :30 :45				
2pm	:00 :15 :30 :45				
3pm	:00 :15 :30 :45				
4pm	:00 :15 :30 :45				
5pm	:00 :15 :30 :45				
6pm	:00 :15 :30 :45				
7pm	:00 :15 :30 :45				
8pm	:00 :15 :30 :45				
9pm	:00 :15 :30 :45				
10pm	:00 :15 :30 :45				

		FRIDAY	SATURDAY	SUNDAY	NOTES
7am	:00 :15 :30 :45				
8am	:00 :15 :30 :45				
9am	:00 :15 :30 :45				
10am	:00 :15 :30 :45				
11am	:00 :15 :30 :45				
12pm	:00 :15 :30 :45				
1pm	:00 :15 :30 :45				
2pm	:00 :15 :30 :45				
3pm	:00 :15 :30 :45				
4pm	:00 :15 :30 :45				
5pm	:00 :15 :30 :45				
6pm	:00 :15 :30 :45				
7pm	:00 :15 :30 :45				
8pm	:00 :15 :30 :45				
9pm	:00 :15 :30 :45				
10pm	:00 :15 :30 :45				

Week Starting: _____

		MONDAY	TUESDAY	WEDNESDAY	THURSDAY
7am	:00 :15 :30 :45				
8am	:00 :15 :30 :45				
9am	:00 :15 :30 :45				
10am	:00 :15 :30 :45				
11am	:00 :15 :30 :45				
12pm	:00 :15 :30 :45				
1pm	:00 :15 :30 :45				
2pm	:00 :15 :30 :45				
3pm	:00 :15 :30 :45				
4pm	:00 :15 :30 :45				
5pm	:00 :15 :30 :45				
6pm	:00 :15 :30 :45				
7pm	:00 :15 :30 :45				
8pm	:00 :15 :30 :45				
9pm	:00 :15 :30 :45				
10pm	:00 :15 :30 :45				

Week Starting: _____

		FRIDAY	SATURDAY	SUNDAY	NOTES
7am	:00 :15 :30 :45				
8am	:00 :15 :30 :45				
9am	:00 :15 :30 :45				
10am	:00 :15 :30 :45				
11am	:00 :15 :30 :45				
12pm	:00 :15 :30 :45				
1pm	:00 :15 :30 :45				
2pm	:00 :15 :30 :45				
3pm	:00 :15 :30 :45				
4pm	:00 :15 :30 :45				
5pm	:00 :15 :30 :45				
6pm	:00 :15 :30 :45				
7pm	:00 :15 :30 :45				
8pm	:00 :15 :30 :45				
9pm	:00 :15 :30 :45				
10pm	:00 :15 :30 :45				

Week Starting: _____

		MONDAY	TUESDAY	WEDNESDAY	THURSDAY
7am	:00 :15 :30 :45				
8am	:00 :15 :30 :45				
9am	:00 :15 :30 :45				
10am	:00 :15 :30 :45				
11am	:00 :15 :30 :45				
12pm	:00 :15 :30 :45				
1pm	:00 :15 :30 :45				
2pm	:00 :15 :30 :45				
3pm	:00 :15 :30 :45				
4pm	:00 :15 :30 :45				
5pm	:00 :15 :30 :45				
6pm	:00 :15 :30 :45				
7pm	:00 :15 :30 :45				
8pm	:00 :15 :30 :45				
9pm	:00 :15 :30 :45				
10pm	:00 :15 :30 :45				

Week Starting: _____

		FRIDAY	SATURDAY	SUNDAY	NOTES
7am	:00				
	:15				
	:30				
	:45				
8am	:00				
	:15				
	:30				
	:45				
9am	:00				
	:15				
	:30				
	:45				
10am	:00				
	:15				
	:30				
	:45				
11am	:00				
	:15				
	:30				
	:45				
12pm	:00				
	:15				
	:30				
	:45				
1pm	:00				
	:15				
	:30				
	:45				
2pm	:00				
	:15				
	:30				
	:45				
3pm	:00				
	:15				
	:30				
	:45				
4pm	:00				
	:15				
	:30				
	:45				
5pm	:00				
	:15				
	:30				
	:45				
6pm	:00				
	:15				
	:30				
	:45				
7pm	:00				
	:15				
	:30				
	:45				
8pm	:00				
	:15				
	:30				
	:45				
9pm	:00				
	:15				
	:30				
	:45				
10pm	:00				
	:15				
	:30				
	:45				

Week Starting: _____

		MONDAY	TUESDAY	WEDNESDAY	THURSDAY
7am	:00 :15 :30 :45				
8am	:00 :15 :30 :45				
9am	:00 :15 :30 :45				
10am	:00 :15 :30 :45				
11am	:00 :15 :30 :45				
12pm	:00 :15 :30 :45				
1pm	:00 :15 :30 :45				
2pm	:00 :15 :30 :45				
3pm	:00 :15 :30 :45				
4pm	:00 :15 :30 :45				
5pm	:00 :15 :30 :45				
6pm	:00 :15 :30 :45				
7pm	:00 :15 :30 :45				
8pm	:00 :15 :30 :45				
9pm	:00 :15 :30 :45				
10pm	:00 :15 :30 :45				

Week Starting: _____

		FRIDAY	SATURDAY	SUNDAY	NOTES
7am	:00 :15 :30 :45				
8am	:00 :15 :30 :45				
9am	:00 :15 :30 :45				
10am	:00 :15 :30 :45				
11am	:00 :15 :30 :45				
12pm	:00 :15 :30 :45				
1pm	:00 :15 :30 :45				
2pm	:00 :15 :30 :45				
3pm	:00 :15 :30 :45				
4pm	:00 :15 :30 :45				
5pm	:00 :15 :30 :45				
6pm	:00 :15 :30 :45				
7pm	:00 :15 :30 :45				
8pm	:00 :15 :30 :45				
9pm	:00 :15 :30 :45				
10pm	:00 :15 :30 :45				

Week Starting: _____

		MONDAY	TUESDAY	WEDNESDAY	THURSDAY
7am	:00 :15 :30 :45				
8am	:00 :15 :30 :45				
9am	:00 :15 :30 :45				
10am	:00 :15 :30 :45				
11am	:00 :15 :30 :45				
12pm	:00 :15 :30 :45				
1pm	:00 :15 :30 :45				
2pm	:00 :15 :30 :45				
3pm	:00 :15 :30 :45				
4pm	:00 :15 :30 :45				
5pm	:00 :15 :30 :45				
6pm	:00 :15 :30 :45				
7pm	:00 :15 :30 :45				
8pm	:00 :15 :30 :45				
9pm	:00 :15 :30 :45				
10pm	:00 :15 :30 :45				

Week Starting: _____

		FRIDAY	SATURDAY	SUNDAY	NOTES
7am	:00 :15 :30 :45				
8am	:00 :15 :30 :45				
9am	:00 :15 :30 :45				
10am	:00 :15 :30 :45				
11am	:00 :15 :30 :45				
12pm	:00 :15 :30 :45				
1pm	:00 :15 :30 :45				
2pm	:00 :15 :30 :45				
3pm	:00 :15 :30 :45				
4pm	:00 :15 :30 :45				
5pm	:00 :15 :30 :45				
6pm	:00 :15 :30 :45				
7pm	:00 :15 :30 :45				
8pm	:00 :15 :30 :45				
9pm	:00 :15 :30 :45				
10pm	:00 :15 :30 :45				

Week Starting: _____

		MONDAY	TUESDAY	WEDNESDAY	THURSDAY
7am	:00 :15 :30 :45				
8am	:00 :15 :30 :45				
9am	:00 :15 :30 :45				
10am	:00 :15 :30 :45				
11am	:00 :15 :30 :45				
12pm	:00 :15 :30 :45				
1pm	:00 :15 :30 :45				
2pm	:00 :15 :30 :45				
3pm	:00 :15 :30 :45				
4pm	:00 :15 :30 :45				
5pm	:00 :15 :30 :45				
6pm	:00 :15 :30 :45				
7pm	:00 :15 :30 :45				
8pm	:00 :15 :30 :45				
9pm	:00 :15 :30 :45				
10pm	:00 :15 :30 :45				

Week Starting: _____

		FRIDAY	SATURDAY	SUNDAY	NOTES
7am	:00 :15 :30 :45				
8am	:00 :15 :30 :45				
9am	:00 :15 :30 :45				
10am	:00 :15 :30 :45				
11am	:00 :15 :30 :45				
12pm	:00 :15 :30 :45				
1pm	:00 :15 :30 :45				
2pm	:00 :15 :30 :45				
3pm	:00 :15 :30 :45				
4pm	:00 :15 :30 :45				
5pm	:00 :15 :30 :45				
6pm	:00 :15 :30 :45				
7pm	:00 :15 :30 :45				
8pm	:00 :15 :30 :45				
9pm	:00 :15 :30 :45				
10pm	:00 :15 :30 :45				

Week Starting: _____

		MONDAY	TUESDAY	WEDNESDAY	THURSDAY
7am	:00 :15 :30 :45				
8am	:00 :15 :30 :45				
9am	:00 :15 :30 :45				
10am	:00 :15 :30 :45				
11am	:00 :15 :30 :45				
12pm	:00 :15 :30 :45				
1pm	:00 :15 :30 :45				
2pm	:00 :15 :30 :45				
3pm	:00 :15 :30 :45				
4pm	:00 :15 :30 :45				
5pm	:00 :15 :30 :45				
6pm	:00 :15 :30 :45				
7pm	:00 :15 :30 :45				
8pm	:00 :15 :30 :45				
9pm	:00 :15 :30 :45				
10pm	:00 :15 :30 :45				

Week Starting: _____

		FRIDAY	SATURDAY	SUNDAY	NOTES
7am	:00 :15 :30 :45				
8am	:00 :15 :30 :45				
9am	:00 :15 :30 :45				
10am	:00 :15 :30 :45				
11am	:00 :15 :30 :45				
12pm	:00 :15 :30 :45				
1pm	:00 :15 :30 :45				
2pm	:00 :15 :30 :45				
3pm	:00 :15 :30 :45				
4pm	:00 :15 :30 :45				
5pm	:00 :15 :30 :45				
6pm	:00 :15 :30 :45				
7pm	:00 :15 :30 :45				
8pm	:00 :15 :30 :45				
9pm	:00 :15 :30 :45				
10pm	:00 :15 :30 :45				

Week Starting: _____

		MONDAY	TUESDAY	WEDNESDAY	THURSDAY
7am	:00 / :15 / :30 / :45				
8am	:00 / :15 / :30 / :45				
9am	:00 / :15 / :30 / :45				
10am	:00 / :15 / :30 / :45				
11am	:00 / :15 / :30 / :45				
12pm	:00 / :15 / :30 / :45				
1pm	:00 / :15 / :30 / :45				
2pm	:00 / :15 / :30 / :45				
3pm	:00 / :15 / :30 / :45				
4pm	:00 / :15 / :30 / :45				
5pm	:00 / :15 / :30 / :45				
6pm	:00 / :15 / :30 / :45				
7pm	:00 / :15 / :30 / :45				
8pm	:00 / :15 / :30 / :45				
9pm	:00 / :15 / :30 / :45				
10pm	:00 / :15 / :30 / :45				

Week Starting: _____

		FRIDAY	SATURDAY	SUNDAY	NOTES
7am	:00 :15 :30 :45				
8am	:00 :15 :30 :45				
9am	:00 :15 :30 :45				
10am	:00 :15 :30 :45				
11am	:00 :15 :30 :45				
12pm	:00 :15 :30 :45				
1pm	:00 :15 :30 :45				
2pm	:00 :15 :30 :45				
3pm	:00 :15 :30 :45				
4pm	:00 :15 :30 :45				
5pm	:00 :15 :30 :45				
6pm	:00 :15 :30 :45				
7pm	:00 :15 :30 :45				
8pm	:00 :15 :30 :45				
9pm	:00 :15 :30 :45				
10pm	:00 :15 :30 :45				

Week Starting: _____

		MONDAY	TUESDAY	WEDNESDAY	THURSDAY
7am	:00 / :15 / :30 / :45				
8am	:00 / :15 / :30 / :45				
9am	:00 / :15 / :30 / :45				
10am	:00 / :15 / :30 / :45				
11am	:00 / :15 / :30 / :45				
12pm	:00 / :15 / :30 / :45				
1pm	:00 / :15 / :30 / :45				
2pm	:00 / :15 / :30 / :45				
3pm	:00 / :15 / :30 / :45				
4pm	:00 / :15 / :30 / :45				
5pm	:00 / :15 / :30 / :45				
6pm	:00 / :15 / :30 / :45				
7pm	:00 / :15 / :30 / :45				
8pm	:00 / :15 / :30 / :45				
9pm	:00 / :15 / :30 / :45				
10pm	:00 / :15 / :30 / :45				

Week Starting: _____

		FRIDAY	SATURDAY	SUNDAY	NOTES
7am	:00 :15 :30 :45				
8am	:00 :15 :30 :45				
9am	:00 :15 :30 :45				
10am	:00 :15 :30 :45				
11am	:00 :15 :30 :45				
12pm	:00 :15 :30 :45				
1pm	:00 :15 :30 :45				
2pm	:00 :15 :30 :45				
3pm	:00 :15 :30 :45				
4pm	:00 :15 :30 :45				
5pm	:00 :15 :30 :45				
6pm	:00 :15 :30 :45				
7pm	:00 :15 :30 :45				
8pm	:00 :15 :30 :45				
9pm	:00 :15 :30 :45				
10pm	:00 :15 :30 :45				

Week Starting: _____

		MONDAY	TUESDAY	WEDNESDAY	THURSDAY
7am	:00 :15 :30 :45				
8am	:00 :15 :30 :45				
9am	:00 :15 :30 :45				
10am	:00 :15 :30 :45				
11am	:00 :15 :30 :45				
12pm	:00 :15 :30 :45				
1pm	:00 :15 :30 :45				
2pm	:00 :15 :30 :45				
3pm	:00 :15 :30 :45				
4pm	:00 :15 :30 :45				
5pm	:00 :15 :30 :45				
6pm	:00 :15 :30 :45				
7pm	:00 :15 :30 :45				
8pm	:00 :15 :30 :45				
9pm	:00 :15 :30 :45				
10pm	:00 :15 :30 :45				

Week Starting: _____

		FRIDAY	SATURDAY	SUNDAY	NOTES
7am	:00 :15 :30 :45				
8am	:00 :15 :30 :45				
9am	:00 :15 :30 :45				
10am	:00 :15 :30 :45				
11am	:00 :15 :30 :45				
12pm	:00 :15 :30 :45				
1pm	:00 :15 :30 :45				
2pm	:00 :15 :30 :45				
3pm	:00 :15 :30 :45				
4pm	:00 :15 :30 :45				
5pm	:00 :15 :30 :45				
6pm	:00 :15 :30 :45				
7pm	:00 :15 :30 :45				
8pm	:00 :15 :30 :45				
9pm	:00 :15 :30 :45				
10pm	:00 :15 :30 :45				

Week Starting: _____

		MONDAY	TUESDAY	WEDNESDAY	THURSDAY
7am	:00 :15 :30 :45				
8am	:00 :15 :30 :45				
9am	:00 :15 :30 :45				
10am	:00 :15 :30 :45				
11am	:00 :15 :30 :45				
12pm	:00 :15 :30 :45				
1pm	:00 :15 :30 :45				
2pm	:00 :15 :30 :45				
3pm	:00 :15 :30 :45				
4pm	:00 :15 :30 :45				
5pm	:00 :15 :30 :45				
6pm	:00 :15 :30 :45				
7pm	:00 :15 :30 :45				
8pm	:00 :15 :30 :45				
9pm	:00 :15 :30 :45				
10pm	:00 :15 :30 :45				

Week Starting: _____

		FRIDAY	SATURDAY	SUNDAY	NOTES
7am	:00 :15 :30 :45				
8am	:00 :15 :30 :45				
9am	:00 :15 :30 :45				
10am	:00 :15 :30 :45				
11am	:00 :15 :30 :45				
12pm	:00 :15 :30 :45				
1pm	:00 :15 :30 :45				
2pm	:00 :15 :30 :45				
3pm	:00 :15 :30 :45				
4pm	:00 :15 :30 :45				
5pm	:00 :15 :30 :45				
6pm	:00 :15 :30 :45				
7pm	:00 :15 :30 :45				
8pm	:00 :15 :30 :45				
9pm	:00 :15 :30 :45				
10pm	:00 :15 :30 :45				

Week Starting: _____

		MONDAY	TUESDAY	WEDNESDAY	THURSDAY
7am	:00 :15 :30 :45				
8am	:00 :15 :30 :45				
9am	:00 :15 :30 :45				
10am	:00 :15 :30 :45				
11am	:00 :15 :30 :45				
12pm	:00 :15 :30 :45				
1pm	:00 :15 :30 :45				
2pm	:00 :15 :30 :45				
3pm	:00 :15 :30 :45				
4pm	:00 :15 :30 :45				
5pm	:00 :15 :30 :45				
6pm	:00 :15 :30 :45				
7pm	:00 :15 :30 :45				
8pm	:00 :15 :30 :45				
9pm	:00 :15 :30 :45				
10pm	:00 :15 :30 :45				

Week Starting: _____

		FRIDAY	SATURDAY	SUNDAY	NOTES
7am	:00 :15 :30 :45				
8am	:00 :15 :30 :45				
9am	:00 :15 :30 :45				
10am	:00 :15 :30 :45				
11am	:00 :15 :30 :45				
12pm	:00 :15 :30 :45				
1pm	:00 :15 :30 :45				
2pm	:00 :15 :30 :45				
3pm	:00 :15 :30 :45				
4pm	:00 :15 :30 :45				
5pm	:00 :15 :30 :45				
6pm	:00 :15 :30 :45				
7pm	:00 :15 :30 :45				
8pm	:00 :15 :30 :45				
9pm	:00 :15 :30 :45				
10pm	:00 :15 :30 :45				

Week Starting: _____

		MONDAY	TUESDAY	WEDNESDAY	THURSDAY
7am	:00 :15 :30 :45				
8am	:00 :15 :30 :45				
9am	:00 :15 :30 :45				
10am	:00 :15 :30 :45				
11am	:00 :15 :30 :45				
12pm	:00 :15 :30 :45				
1pm	:00 :15 :30 :45				
2pm	:00 :15 :30 :45				
3pm	:00 :15 :30 :45				
4pm	:00 :15 :30 :45				
5pm	:00 :15 :30 :45				
6pm	:00 :15 :30 :45				
7pm	:00 :15 :30 :45				
8pm	:00 :15 :30 :45				
9pm	:00 :15 :30 :45				
10pm	:00 :15 :30 :45				

Week Starting: _____

		FRIDAY	SATURDAY	SUNDAY	NOTES
7am	:00 :15 :30 :45				
8am	:00 :15 :30 :45				
9am	:00 :15 :30 :45				
10am	:00 :15 :30 :45				
11am	:00 :15 :30 :45				
12pm	:00 :15 :30 :45				
1pm	:00 :15 :30 :45				
2pm	:00 :15 :30 :45				
3pm	:00 :15 :30 :45				
4pm	:00 :15 :30 :45				
5pm	:00 :15 :30 :45				
6pm	:00 :15 :30 :45				
7pm	:00 :15 :30 :45				
8pm	:00 :15 :30 :45				
9pm	:00 :15 :30 :45				
10pm	:00 :15 :30 :45				

Week Starting: _____

		MONDAY	TUESDAY	WEDNESDAY	THURSDAY
7am	:00 :15 :30 :45				
8am	:00 :15 :30 :45				
9am	:00 :15 :30 :45				
10am	:00 :15 :30 :45				
11am	:00 :15 :30 :45				
12pm	:00 :15 :30 :45				
1pm	:00 :15 :30 :45				
2pm	:00 :15 :30 :45				
3pm	:00 :15 :30 :45				
4pm	:00 :15 :30 :45				
5pm	:00 :15 :30 :45				
6pm	:00 :15 :30 :45				
7pm	:00 :15 :30 :45				
8pm	:00 :15 :30 :45				
9pm	:00 :15 :30 :45				
10pm	:00 :15 :30 :45				

Week Starting: _____

		FRIDAY	SATURDAY	SUNDAY	NOTES
7am	:00 :15 :30 :45				
8am	:00 :15 :30 :45				
9am	:00 :15 :30 :45				
10am	:00 :15 :30 :45				
11am	:00 :15 :30 :45				
12pm	:00 :15 :30 :45				
1pm	:00 :15 :30 :45				
2pm	:00 :15 :30 :45				
3pm	:00 :15 :30 :45				
4pm	:00 :15 :30 :45				
5pm	:00 :15 :30 :45				
6pm	:00 :15 :30 :45				
7pm	:00 :15 :30 :45				
8pm	:00 :15 :30 :45				
9pm	:00 :15 :30 :45				
10pm	:00 :15 :30 :45				

Week Starting: _____

		MONDAY	TUESDAY	WEDNESDAY	THURSDAY
7am	:00 :15 :30 :45				
8am	:00 :15 :30 :45				
9am	:00 :15 :30 :45				
10am	:00 :15 :30 :45				
11am	:00 :15 :30 :45				
12pm	:00 :15 :30 :45				
1pm	:00 :15 :30 :45				
2pm	:00 :15 :30 :45				
3pm	:00 :15 :30 :45				
4pm	:00 :15 :30 :45				
5pm	:00 :15 :30 :45				
6pm	:00 :15 :30 :45				
7pm	:00 :15 :30 :45				
8pm	:00 :15 :30 :45				
9pm	:00 :15 :30 :45				
10pm	:00 :15 :30 :45				

Week Starting: _____

		FRIDAY	SATURDAY	SUNDAY	NOTES
7am	:00 :15 :30 :45				
8am	:00 :15 :30 :45				
9am	:00 :15 :30 :45				
10am	:00 :15 :30 :45				
11am	:00 :15 :30 :45				
12pm	:00 :15 :30 :45				
1pm	:00 :15 :30 :45				
2pm	:00 :15 :30 :45				
3pm	:00 :15 :30 :45				
4pm	:00 :15 :30 :45				
5pm	:00 :15 :30 :45				
6pm	:00 :15 :30 :45				
7pm	:00 :15 :30 :45				
8pm	:00 :15 :30 :45				
9pm	:00 :15 :30 :45				
10pm	:00 :15 :30 :45				

Week Starting: _____

		MONDAY	TUESDAY	WEDNESDAY	THURSDAY
7am	:00 :15 :30 :45				
8am	:00 :15 :30 :45				
9am	:00 :15 :30 :45				
10am	:00 :15 :30 :45				
11am	:00 :15 :30 :45				
12pm	:00 :15 :30 :45				
1pm	:00 :15 :30 :45				
2pm	:00 :15 :30 :45				
3pm	:00 :15 :30 :45				
4pm	:00 :15 :30 :45				
5pm	:00 :15 :30 :45				
6pm	:00 :15 :30 :45				
7pm	:00 :15 :30 :45				
8pm	:00 :15 :30 :45				
9pm	:00 :15 :30 :45				
10pm	:00 :15 :30 :45				

Week Starting: _____

		FRIDAY	SATURDAY	SUNDAY	NOTES
7am	:00 :15 :30 :45				
8am	:00 :15 :30 :45				
9am	:00 :15 :30 :45				
10am	:00 :15 :30 :45				
11am	:00 :15 :30 :45				
12pm	:00 :15 :30 :45				
1pm	:00 :15 :30 :45				
2pm	:00 :15 :30 :45				
3pm	:00 :15 :30 :45				
4pm	:00 :15 :30 :45				
5pm	:00 :15 :30 :45				
6pm	:00 :15 :30 :45				
7pm	:00 :15 :30 :45				
8pm	:00 :15 :30 :45				
9pm	:00 :15 :30 :45				
10pm	:00 :15 :30 :45				

Week Starting: _____

		MONDAY	TUESDAY	WEDNESDAY	THURSDAY
7am	:00 :15 :30 :45				
8am	:00 :15 :30 :45				
9am	:00 :15 :30 :45				
10am	:00 :15 :30 :45				
11am	:00 :15 :30 :45				
12pm	:00 :15 :30 :45				
1pm	:00 :15 :30 :45				
2pm	:00 :15 :30 :45				
3pm	:00 :15 :30 :45				
4pm	:00 :15 :30 :45				
5pm	:00 :15 :30 :45				
6pm	:00 :15 :30 :45				
7pm	:00 :15 :30 :45				
8pm	:00 :15 :30 :45				
9pm	:00 :15 :30 :45				
10pm	:00 :15 :30 :45				

Week Starting: _____

		FRIDAY	SATURDAY	SUNDAY	NOTES
7am	:00 :15 :30 :45				
8am	:00 :15 :30 :45				
9am	:00 :15 :30 :45				
10am	:00 :15 :30 :45				
11am	:00 :15 :30 :45				
12pm	:00 :15 :30 :45				
1pm	:00 :15 :30 :45				
2pm	:00 :15 :30 :45				
3pm	:00 :15 :30 :45				
4pm	:00 :15 :30 :45				
5pm	:00 :15 :30 :45				
6pm	:00 :15 :30 :45				
7pm	:00 :15 :30 :45				
8pm	:00 :15 :30 :45				
9pm	:00 :15 :30 :45				
10pm	:00 :15 :30 :45				

Week Starting: _____

		MONDAY	TUESDAY	WEDNESDAY	THURSDAY
7am	:00 :15 :30 :45				
8am	:00 :15 :30 :45				
9am	:00 :15 :30 :45				
10am	:00 :15 :30 :45				
11am	:00 :15 :30 :45				
12pm	:00 :15 :30 :45				
1pm	:00 :15 :30 :45				
2pm	:00 :15 :30 :45				
3pm	:00 :15 :30 :45				
4pm	:00 :15 :30 :45				
5pm	:00 :15 :30 :45				
6pm	:00 :15 :30 :45				
7pm	:00 :15 :30 :45				
8pm	:00 :15 :30 :45				
9pm	:00 :15 :30 :45				
10pm	:00 :15 :30 :45				

Week Starting: _____

		FRIDAY	SATURDAY	SUNDAY	NOTES
7am	:00 :15 :30 :45				
8am	:00 :15 :30 :45				
9am	:00 :15 :30 :45				
10am	:00 :15 :30 :45				
11am	:00 :15 :30 :45				
12pm	:00 :15 :30 :45				
1pm	:00 :15 :30 :45				
2pm	:00 :15 :30 :45				
3pm	:00 :15 :30 :45				
4pm	:00 :15 :30 :45				
5pm	:00 :15 :30 :45				
6pm	:00 :15 :30 :45				
7pm	:00 :15 :30 :45				
8pm	:00 :15 :30 :45				
9pm	:00 :15 :30 :45				
10pm	:00 :15 :30 :45				

Week Starting: _____

		MONDAY	TUESDAY	WEDNESDAY	THURSDAY
7am	:00 :15 :30 :45				
8am	:00 :15 :30 :45				
9am	:00 :15 :30 :45				
10am	:00 :15 :30 :45				
11am	:00 :15 :30 :45				
12pm	:00 :15 :30 :45				
1pm	:00 :15 :30 :45				
2pm	:00 :15 :30 :45				
3pm	:00 :15 :30 :45				
4pm	:00 :15 :30 :45				
5pm	:00 :15 :30 :45				
6pm	:00 :15 :30 :45				
7pm	:00 :15 :30 :45				
8pm	:00 :15 :30 :45				
9pm	:00 :15 :30 :45				
10pm	:00 :15 :30 :45				

Week Starting: _____

		FRIDAY	SATURDAY	SUNDAY	NOTES
7am	:00 :15 :30 :45				
8am	:00 :15 :30 :45				
9am	:00 :15 :30 :45				
10am	:00 :15 :30 :45				
11am	:00 :15 :30 :45				
12pm	:00 :15 :30 :45				
1pm	:00 :15 :30 :45				
2pm	:00 :15 :30 :45				
3pm	:00 :15 :30 :45				
4pm	:00 :15 :30 :45				
5pm	:00 :15 :30 :45				
6pm	:00 :15 :30 :45				
7pm	:00 :15 :30 :45				
8pm	:00 :15 :30 :45				
9pm	:00 :15 :30 :45				
10pm	:00 :15 :30 :45				

Week Starting: _____

		MONDAY	TUESDAY	WEDNESDAY	THURSDAY
7am	:00 :15 :30 :45				
8am	:00 :15 :30 :45				
9am	:00 :15 :30 :45				
10am	:00 :15 :30 :45				
11am	:00 :15 :30 :45				
12pm	:00 :15 :30 :45				
1pm	:00 :15 :30 :45				
2pm	:00 :15 :30 :45				
3pm	:00 :15 :30 :45				
4pm	:00 :15 :30 :45				
5pm	:00 :15 :30 :45				
6pm	:00 :15 :30 :45				
7pm	:00 :15 :30 :45				
8pm	:00 :15 :30 :45				
9pm	:00 :15 :30 :45				
10pm	:00 :15 :30 :45				

Week Starting: _____

		FRIDAY	SATURDAY	SUNDAY	NOTES
7am	:00 :15 :30 :45				
8am	:00 :15 :30 :45				
9am	:00 :15 :30 :45				
10am	:00 :15 :30 :45				
11am	:00 :15 :30 :45				
12pm	:00 :15 :30 :45				
1pm	:00 :15 :30 :45				
2pm	:00 :15 :30 :45				
3pm	:00 :15 :30 :45				
4pm	:00 :15 :30 :45				
5pm	:00 :15 :30 :45				
6pm	:00 :15 :30 :45				
7pm	:00 :15 :30 :45				
8pm	:00 :15 :30 :45				
9pm	:00 :15 :30 :45				
10pm	:00 :15 :30 :45				

Week Starting: _____

		MONDAY	TUESDAY	WEDNESDAY	THURSDAY
7am	:00 :15 :30 :45				
8am	:00 :15 :30 :45				
9am	:00 :15 :30 :45				
10am	:00 :15 :30 :45				
11am	:00 :15 :30 :45				
12pm	:00 :15 :30 :45				
1pm	:00 :15 :30 :45				
2pm	:00 :15 :30 :45				
3pm	:00 :15 :30 :45				
4pm	:00 :15 :30 :45				
5pm	:00 :15 :30 :45				
6pm	:00 :15 :30 :45				
7pm	:00 :15 :30 :45				
8pm	:00 :15 :30 :45				
9pm	:00 :15 :30 :45				
10pm	:00 :15 :30 :45				

Week Starting: _____

		FRIDAY	SATURDAY	SUNDAY	NOTES
7am	:00 :15 :30 :45				
8am	:00 :15 :30 :45				
9am	:00 :15 :30 :45				
10am	:00 :15 :30 :45				
11am	:00 :15 :30 :45				
12pm	:00 :15 :30 :45				
1pm	:00 :15 :30 :45				
2pm	:00 :15 :30 :45				
3pm	:00 :15 :30 :45				
4pm	:00 :15 :30 :45				
5pm	:00 :15 :30 :45				
6pm	:00 :15 :30 :45				
7pm	:00 :15 :30 :45				
8pm	:00 :15 :30 :45				
9pm	:00 :15 :30 :45				
10pm	:00 :15 :30 :45				

Week Starting: _____

		MONDAY	TUESDAY	WEDNESDAY	THURSDAY
7am	:00 :15 :30 :45				
8am	:00 :15 :30 :45				
9am	:00 :15 :30 :45				
10am	:00 :15 :30 :45				
11am	:00 :15 :30 :45				
12pm	:00 :15 :30 :45				
1pm	:00 :15 :30 :45				
2pm	:00 :15 :30 :45				
3pm	:00 :15 :30 :45				
4pm	:00 :15 :30 :45				
5pm	:00 :15 :30 :45				
6pm	:00 :15 :30 :45				
7pm	:00 :15 :30 :45				
8pm	:00 :15 :30 :45				
9pm	:00 :15 :30 :45				
10pm	:00 :15 :30 :45				

Week Starting: _____

		FRIDAY	SATURDAY	SUNDAY	NOTES
7am	:00 :15 :30 :45				
8am	:00 :15 :30 :45				
9am	:00 :15 :30 :45				
10am	:00 :15 :30 :45				
11am	:00 :15 :30 :45				
12pm	:00 :15 :30 :45				
1pm	:00 :15 :30 :45				
2pm	:00 :15 :30 :45				
3pm	:00 :15 :30 :45				
4pm	:00 :15 :30 :45				
5pm	:00 :15 :30 :45				
6pm	:00 :15 :30 :45				
7pm	:00 :15 :30 :45				
8pm	:00 :15 :30 :45				
9pm	:00 :15 :30 :45				
10pm	:00 :15 :30 :45				

Week Starting: _____

		MONDAY	TUESDAY	WEDNESDAY	THURSDAY
7am	:00 :15 :30 :45				
8am	:00 :15 :30 :45				
9am	:00 :15 :30 :45				
10am	:00 :15 :30 :45				
11am	:00 :15 :30 :45				
12pm	:00 :15 :30 :45				
1pm	:00 :15 :30 :45				
2pm	:00 :15 :30 :45				
3pm	:00 :15 :30 :45				
4pm	:00 :15 :30 :45				
5pm	:00 :15 :30 :45				
6pm	:00 :15 :30 :45				
7pm	:00 :15 :30 :45				
8pm	:00 :15 :30 :45				
9pm	:00 :15 :30 :45				
10pm	:00 :15 :30 :45				

Week Starting: _____

		FRIDAY	SATURDAY	SUNDAY	NOTES
7am	:00 :15 :30 :45				
8am	:00 :15 :30 :45				
9am	:00 :15 :30 :45				
10am	:00 :15 :30 :45				
11am	:00 :15 :30 :45				
12pm	:00 :15 :30 :45				
1pm	:00 :15 :30 :45				
2pm	:00 :15 :30 :45				
3pm	:00 :15 :30 :45				
4pm	:00 :15 :30 :45				
5pm	:00 :15 :30 :45				
6pm	:00 :15 :30 :45				
7pm	:00 :15 :30 :45				
8pm	:00 :15 :30 :45				
9pm	:00 :15 :30 :45				
10pm	:00 :15 :30 :45				

Week Starting: _____

		MONDAY	TUESDAY	WEDNESDAY	THURSDAY
7am	:00 :15 :30 :45				
8am	:00 :15 :30 :45				
9am	:00 :15 :30 :45				
10am	:00 :15 :30 :45				
11am	:00 :15 :30 :45				
12pm	:00 :15 :30 :45				
1pm	:00 :15 :30 :45				
2pm	:00 :15 :30 :45				
3pm	:00 :15 :30 :45				
4pm	:00 :15 :30 :45				
5pm	:00 :15 :30 :45				
6pm	:00 :15 :30 :45				
7pm	:00 :15 :30 :45				
8pm	:00 :15 :30 :45				
9pm	:00 :15 :30 :45				
10pm	:00 :15 :30 :45				

Week Starting: _____

		FRIDAY	SATURDAY	SUNDAY	NOTES
7am	:00 :15 :30 :45				
8am	:00 :15 :30 :45				
9am	:00 :15 :30 :45				
10am	:00 :15 :30 :45				
11am	:00 :15 :30 :45				
12pm	:00 :15 :30 :45				
1pm	:00 :15 :30 :45				
2pm	:00 :15 :30 :45				
3pm	:00 :15 :30 :45				
4pm	:00 :15 :30 :45				
5pm	:00 :15 :30 :45				
6pm	:00 :15 :30 :45				
7pm	:00 :15 :30 :45				
8pm	:00 :15 :30 :45				
9pm	:00 :15 :30 :45				
10pm	:00 :15 :30 :45				

Week Starting: _____

		MONDAY	TUESDAY	WEDNESDAY	THURSDAY
7am	:00 :15 :30 :45				
8am	:00 :15 :30 :45				
9am	:00 :15 :30 :45				
10am	:00 :15 :30 :45				
11am	:00 :15 :30 :45				
12pm	:00 :15 :30 :45				
1pm	:00 :15 :30 :45				
2pm	:00 :15 :30 :45				
3pm	:00 :15 :30 :45				
4pm	:00 :15 :30 :45				
5pm	:00 :15 :30 :45				
6pm	:00 :15 :30 :45				
7pm	:00 :15 :30 :45				
8pm	:00 :15 :30 :45				
9pm	:00 :15 :30 :45				
10pm	:00 :15 :30 :45				

Week Starting: _____

		FRIDAY	SATURDAY	SUNDAY	NOTES
7am	:00 :15 :30 :45				
8am	:00 :15 :30 :45				
9am	:00 :15 :30 :45				
10am	:00 :15 :30 :45				
11am	:00 :15 :30 :45				
12pm	:00 :15 :30 :45				
1pm	:00 :15 :30 :45				
2pm	:00 :15 :30 :45				
3pm	:00 :15 :30 :45				
4pm	:00 :15 :30 :45				
5pm	:00 :15 :30 :45				
6pm	:00 :15 :30 :45				
7pm	:00 :15 :30 :45				
8pm	:00 :15 :30 :45				
9pm	:00 :15 :30 :45				
10pm	:00 :15 :30 :45				

Week Starting: _____

		MONDAY	TUESDAY	WEDNESDAY	THURSDAY
7am	:00 :15 :30 :45				
8am	:00 :15 :30 :45				
9am	:00 :15 :30 :45				
10am	:00 :15 :30 :45				
11am	:00 :15 :30 :45				
12pm	:00 :15 :30 :45				
1pm	:00 :15 :30 :45				
2pm	:00 :15 :30 :45				
3pm	:00 :15 :30 :45				
4pm	:00 :15 :30 :45				
5pm	:00 :15 :30 :45				
6pm	:00 :15 :30 :45				
7pm	:00 :15 :30 :45				
8pm	:00 :15 :30 :45				
9pm	:00 :15 :30 :45				
10pm	:00 :15 :30 :45				

Week Starting: _____

		FRIDAY	SATURDAY	SUNDAY	NOTES
7am	:00 :15 :30 :45				
8am	:00 :15 :30 :45				
9am	:00 :15 :30 :45				
10am	:00 :15 :30 :45				
11am	:00 :15 :30 :45				
12pm	:00 :15 :30 :45				
1pm	:00 :15 :30 :45				
2pm	:00 :15 :30 :45				
3pm	:00 :15 :30 :45				
4pm	:00 :15 :30 :45				
5pm	:00 :15 :30 :45				
6pm	:00 :15 :30 :45				
7pm	:00 :15 :30 :45				
8pm	:00 :15 :30 :45				
9pm	:00 :15 :30 :45				
10pm	:00 :15 :30 :45				

Week Starting: _____

		MONDAY	TUESDAY	WEDNESDAY	THURSDAY
7am	:00 :15 :30 :45				
8am	:00 :15 :30 :45				
9am	:00 :15 :30 :45				
10am	:00 :15 :30 :45				
11am	:00 :15 :30 :45				
12pm	:00 :15 :30 :45				
1pm	:00 :15 :30 :45				
2pm	:00 :15 :30 :45				
3pm	:00 :15 :30 :45				
4pm	:00 :15 :30 :45				
5pm	:00 :15 :30 :45				
6pm	:00 :15 :30 :45				
7pm	:00 :15 :30 :45				
8pm	:00 :15 :30 :45				
9pm	:00 :15 :30 :45				
10pm	:00 :15 :30 :45				

Week Starting: _____

		FRIDAY	SATURDAY	SUNDAY	NOTES
7am	:00 :15 :30 :45				
8am	:00 :15 :30 :45				
9am	:00 :15 :30 :45				
10am	:00 :15 :30 :45				
11am	:00 :15 :30 :45				
12pm	:00 :15 :30 :45				
1pm	:00 :15 :30 :45				
2pm	:00 :15 :30 :45				
3pm	:00 :15 :30 :45				
4pm	:00 :15 :30 :45				
5pm	:00 :15 :30 :45				
6pm	:00 :15 :30 :45				
7pm	:00 :15 :30 :45				
8pm	:00 :15 :30 :45				
9pm	:00 :15 :30 :45				
10pm	:00 :15 :30 :45				

Week Starting: _____

		MONDAY	TUESDAY	WEDNESDAY	THURSDAY
7am	:00 :15 :30 :45				
8am	:00 :15 :30 :45				
9am	:00 :15 :30 :45				
10am	:00 :15 :30 :45				
11am	:00 :15 :30 :45				
12pm	:00 :15 :30 :45				
1pm	:00 :15 :30 :45				
2pm	:00 :15 :30 :45				
3pm	:00 :15 :30 :45				
4pm	:00 :15 :30 :45				
5pm	:00 :15 :30 :45				
6pm	:00 :15 :30 :45				
7pm	:00 :15 :30 :45				
8pm	:00 :15 :30 :45				
9pm	:00 :15 :30 :45				
10pm	:00 :15 :30 :45				

Week Starting: _____

		FRIDAY	SATURDAY	SUNDAY	NOTES
7am	:00				
	:15				
	:30				
	:45				
8am	:00				
	:15				
	:30				
	:45				
9am	:00				
	:15				
	:30				
	:45				
10am	:00				
	:15				
	:30				
	:45				
11am	:00				
	:15				
	:30				
	:45				
12pm	:00				
	:15				
	:30				
	:45				
1pm	:00				
	:15				
	:30				
	:45				
2pm	:00				
	:15				
	:30				
	:45				
3pm	:00				
	:15				
	:30				
	:45				
4pm	:00				
	:15				
	:30				
	:45				
5pm	:00				
	:15				
	:30				
	:45				
6pm	:00				
	:15				
	:30				
	:45				
7pm	:00				
	:15				
	:30				
	:45				
8pm	:00				
	:15				
	:30				
	:45				
9pm	:00				
	:15				
	:30				
	:45				
10pm	:00				
	:15				
	:30				
	:45				

Made in the USA
Columbia, SC
14 June 2021

40165415R00061